AF242950

†

NOTICE NÉCROLOGIQUE

SUR

M. PIERRE BONNOT

EX-BANQUIER

A NEVERS

PARIS

IMPRIMERIE ADMINISTRATIVE DE PAUL DUPONT

45, rue de Grenelle Saint-Honoré (cour des Fermes)

—

M DCCC LXVIII

☩

M. PIERRE BONNOT

Ce n'est jamais sans un cruel brisement de cœur que l'on voit disparaître ceux qu'on a aimés ici-bas ; la foi seule peut adoucir l'amertume des séparations, en nous rappelant qu'elles ne sont point éternelles. En face de la mort, la religion lui déclare qu'elle est vaincue, et le premier cri que pousse l'Église, en emportant le cadavre, est un cri de triomphe : « *Exultabunt Domino ossa humiliata.* « Ces restes déplorables, ces ossements humiliés se « redresseront vivants en présence du Seigneur. » Quelle magnifique affirmation de la résurrection future ! Il n'y a que l'Église pour proclamer la grandeur de l'homme au moment même où il va devenir la pâture des vers. Ah ! c'est que cet homme avait une âme, une âme immortelle, créée à l'image de Dieu. Un jour, sur l'ordre de son Créateur, cette âme reviendra dans la demeure terrestre qu'elle a désertée, et elle vivifiera ces ossements arides et desséchés. En ce moment, elle retourne à son Auteur. Avec quelle sollicitude l'Église la suit dans son vol vers l'éternité. Écoutez ces pieuses et pressantes recommandations d'une mère : « *Subvenite sancti Dei :* Venez, saints de « Dieu, anges du Seigneur, accourez, emparez-« vous de cette âme, présentez-la vous-mêmes au « Très-Haut, gagnez sa cause auprès du Christ qui « l'a rappelée à lui, et déposez-la dans le sein « d'Abraham. »

La langue humaine n'a point de pareilles consolations, et quand ces douces prières se font sur la dépouille d'un homme de bien, elles remplissent le cœur des plus saintes, des plus légitimes espérances.

Ces réflexions, je les ai faites souvent dans ma longue carrière sacerdotale ; mais, jamais peut-être elles ne s'étaient plus fortement emparées de mon esprit que le jour où je rendais les derniers devoirs à mon vénérable ami M. Bonnot, à ce fervent chrétien qui s'est fait précéder dans le ciel de tant de bonnes œuvres. Sa cause, on peut l'espérer, était gagnée d'avance, et les anges et les saints du

Seigneur n'ont eu pour lui d'autre mission que de célébrer sa victoire.

M. Pierre Bonnot, dont la mort a été annoncée dans le dernier numéro de la *Semaine religieuse,* était né à Nevers le 27 mars 1796, d'une ancienne et honorable famille de commerçants. Son père et sa mère, bien que chargés de nombreux enfants, ne reculèrent devant aucun sacrifice pour lui procurer le bienfait d'une bonne et solide éducation. Placé d'abord au petit séminaire, qui se relevait de ses ruines sous l'habile direction de M. l'abbé Sautot, le jeune Bonnot put conserver et développer dans ce pieux établissement les premières semences qu'une mère chrétienne avait déposées dans son cœur. Nous remarquerons ici, à la gloire de M. l'abbé Sautot, que les élèves sortis de ses mains se sont pour la plupart distingués dans l'Église et dans la société, par leurs vertus et la pratique des bonnes œuvres. M. Bonnot aimait à parler de ses années de petit séminaire, il leur attribuait avec juste raison une grande influence sur la direction de sa vie.

Après avoir terminé ses études au collége de Nevers, il entra dans une maison de banque, et pendant trente ans, soit comme employé, soit comme chef d'établissement, il s'occupa d'affaires commerciales.

Nous passerons brièvement sur cette longue période de sa vie. Renommé dans le monde pour sa rigoureuse probité, peut-être négligea-t-il, dans le tumulte des affaires, certains devoirs essentiels que la religion prescrit et dont on ne comprend pas toujours l'importance. Mais il se montra constamment homme de bien et de dévouement. La foi était ancrée dans son âme, et lorsqu'en 1849 il put briser le joug qui l'attachait aux intérêts terrestres, il se trouva tout naturellement chrétien, dans la plus complète acception du mot.

A partir de cette époque, sa vie n'est qu'un long enchaînement de bonnes œuvres.

Secrétaire de la société de Saint-Vincent-de-Paul et de la Société maternelle, membre très-actif de l'œuvre de Saint-François-Régis, trésorier du conseil du Denier de saint Pierre, administrateur de la caisse d'épargne, membre de la commission de surveillance de la prison centrale de Nevers, membre et secrétaire du conseil de fabrique de sa paroisse, il est partout, il suffit à tout, il vivifie tout de son zèle.

Qui ne se rappelle les excellents rapports qu'il nous adressait chaque année comme secrétaire de la Société de Saint-Vincent-de-Paul ? Dans ce style simple, pur, net et d'une émotion contenue, les qualités de son cœur et de son esprit se reflètent admirablement. Il ne vise point à l'effet ; il raconte avec une bonhomie pleine de grâce les œuvres de sa chère conférence, ses ressources, ses besoins, ses espérances. On voit qu'il aime le pauvre et qu'il cherche à le faire aimer. Toujours prêt à payer de sa personne, M. Bonnot ne se contentait pas d'écrire, il agissait, il se donnait tout entier. C'était un bonheur pour lui de franchir le seuil des malheureux, de déposer dans leurs mains une offrande souvent renouvelée qu'il accompagnait de conseils affectueux et paternels. Il pensait avec raison que l'âme a besoin d'aumônes aussi bien que le corps, car l'homme ne vit pas seulement de pain, il vit aussi de justice et de vérité.

Que de zèle ne déployait-il pas, comme membre de la Société de Saint-François-Régis, pour réhabiliter ces unions illégitimes que la corruption de notre époque a tant multipliées ! Il se mettait à l'affût pour les découvrir, et alors, ni sollicitations, ni démarches, ni correspondances, ni secours de toute nature, rien n'était épargné pour arriver à une conclusion honnête et chrétienne.

Sa sollicitude s'étendait à tous les genres de misères. Administrateur de la caisse d'épargne, ce sont les économies du pauvre qu'il se plaît à faire fructifier. Membre de la commission de surveillance de la prison centrale, il va visiter les prisonniers, s'enferme avec eux, s'enquiert de leurs besoins, leur donne des conseils salutaires, leur fait de bonnes lectures et leur montre une réhabilitation assurée dans le retour au bien et la pratique des vertus chrétiennes. A l'époque où, par la haute initiative et sous les auspices d'une auguste *sœur de charité*, la Société maternelle fut fondée dans la ville de Nevers, M. Bonnot fut tout d'une voix choisi pour secrétaire de cette société. Il ne semblait pas qu'on pût en choisir un autre. Toute œuvre de charité était devenue en quelque sorte *sa chose*; aussi disait-il en riant qu'il n'avait jamais été plus occupé que depuis le jour où il n'avait plus rien à faire.

Libre à peine des opérations commerciales, il avait voulu consacrer ses premiers moments de loisirs à un voyage de Rome. Ce voyage avait laissé dans son cœur les traces les plus profondes. Comme Louis Ratisbonne, il pouvait dire avec une légère variante : « *On* ne m'a rien dit et j'ai tout compris. » A partir de son séjour dans la ville éternelle, la religion lui était apparue dans sa lumineuse clarté. Il en avait compris toutes les vérités, toutes les grandeurs, toutes les obligations. Il y avait soumis son existence tout entière. La joie, les douleurs, les craintes, les espérances de l'Église étaient ses joies, ses douleurs, ses craintes, ses espérances.

Plus jeune, il eût combattu à Mentana et à Monte-
Rotondo. Son dévouement à la cause du Souverain
Pontife était sans bornes. Le jour où Mgr l'Évêque
le nomma trésorier général du Denier de saint
Pierre fut un des plus heureux de sa vie. Il se
voua de cœur et d'âme à cette grande œuvre d'où
dépendent la paix du monde et le salut de la société ; et je vois encore son air radieux et triom-
phant quand il venait m'annoncer de nouveaux
prosélytes et de nouvelles souscriptions.

C'est dans l'exercice de toutes ces bonnes œuvres
que la mort est venue le trouver comme une pre-
mière récompense. Vaillant soldat, il avait combattu
jusqu'à la fin ; il mourut à son poste : celui du
dévouement et de l'honneur. L'avant-veille de sa
mort, il avait assisté à la messe et s'était approché
de la sainte table. Quoiqu'il fût souffrant, rien ne
faisait présager une prochaine catastrophe. Vers
le soir il se sentit plus fatigué. La journée du
lendemain ne fut pas bonne. Dans la nuit du jeudi,
il fit appeler son curé, s'entretint avec lui des espérances du ciel, reçut les consolations de la religion,
et vers les quatre heures du matin il expirait sans
trouble, sans agonie, dans les embrassements de
la croix.

Ses funérailles ont eu lieu samedi matin, 1er août,
dans l'église de Saint-Pierre, sa paroisse, au milieu

d'un grand concours de peuple et de clergé. Les pauvres, au complet, étaient venus faire leurs derniers adieux à leur bienfaiteur. Mgr l'Évêque voulut donner lui-même l'absoute et présider à la funèbre cérémonie. Glorieux témoignage rendu à l'homme dévoué, à l'excellent chrétien ; précieux hommage, souvenir consolant pour toute la famille du défunt, pour ses vénérables sœurs, si pieuses et si charitables, toujours de moitié dans les œuvres de leur frère, et qui, comme Marthe et Marie, le pleurent aujourd'hui devant le Seigneur. Ah! Dieu leur a imposé un cruel sacrifice : la mort vient de briser cette communauté qui datait de leur naissance et qu'aucun nuage n'avait encore troublée. Qu'elles se consolent et qu'elles espèrent! Cette douce société qui fit le charme de leur vie n'est pas dissoute pour toujours : elle se reformera dans le ciel (1).

H., c. de St-P.

1) Cette réunion est déjà commencée : neuf jours après la mort de M. Bonnot, sa sœur Maria s'éteignait subitement en prononçant le nom de son frère !

PARIS

IMPRIMERIE ADMINISTRATIVE DE PAUL DUPONT

45, rue de Grenelle-Saint-Honoré, cour des Fermes.

www.ingramcontent.com/pod-product-compliance
Lightning Source LLC
Chambersburg PA
CBHW051312050726
47595CB00008B/3516